JN408947

그랬었지

그랬었지

박가박 시집

서까래 내려앉고 지붕마저 사라진
살던 이 떠나버린 산모퉁이 집 한 채
외롭고 쓸쓸한 곳 박꽃 피어 있다
머물 듯 불어오던 바람 빙빙 돌다 사라지고
모른 척 쓰다듬던 달빛 박꽃 슬픔 알았는지 하얗게 밤을 샌다

시인의 말

혼탁한 하늘 밑에서 사람들 세상 살아가기 힘들다 한다.

정신 똑바로 차리고 살아도, 언제 내 앞에 날벼락 같은 재앙이 닥칠지 모르는 불안한 세상.

가진 자 더 가지려고 하고, 없는 자 생존 자체를 위협받는 세상.
시계 초침 옛날 같지 않아, 숨 가쁘게 돌아가도 시간이 없는 세상.

누릴 것 다 누리고 산다지만, 과학문명의 이면에 배서해 놓고,
숨어있는 실체를 가볍게 여기다, 문명의 자객(刺客) 앞에 자각(自覺)과 지각(知覺)이 퇴화(退化)되어 노예처럼 살아가는 세상.

그냥 태어났으니
그냥 살다 가면 그만이다는 세상살이.

우리 인간은 무엇이며
이를 극복해 나갈 수 있는 길은 없는 것일까.

이제
현명한 지혜가 필요한 때이다.

이런 고민 속에
나의 역할은 없는 것일까.

미미(微微)하나마
나의 시(詩) 한 편 한 편이 삶에 중간중간 간이역이 되어, 세파에 찌든 독소를 거르는, 여과물이 되었으면 좋겠다는 생각을 가져본다.

하여
감히 부끄러운 줄도 모르고, 시집 『그랬었지』를 펴낸다.

2019년 봄을 기다리며…
사인암에서
박강박

제 1 부

바람은 꽃들을…

제2부

떠나고 싶다

제3부

갈대

제4부

저물어 가는 사랑

제 5 부

아버지

제6부

이렇게 사는 거야

제1부

바람은 꽃들을…

봄바람

연초록 풀 내음
살랑살랑 불어와

보일 듯 잡힐 듯
애간장 녹이고 있네

청보리밭 출렁출렁
치맛자락 펄럭펄럭

이리도 설레이게
봄불 질러놓고 말았네

너나 나나
가슴 뛰는 건 매한가지

얼굴 빨게
주저앉은 저 아가씨

아무도 몰래
도망치듯 시집갈라

불놀이

불놀이

사랑인 줄 모르고
그냥 그저 좋아했었지

설레임
빠알갛게 진 노을처럼

내 마음
언제나 물들어 있었지

그리워
토드닥 토드닥 불사르면

황홀한 불 속에서
활 활 타올랐지

불놀이
가물가물 잊혀지다

어느 날 불현듯
누군가에 수런거림 소리에

바윗돌 짊어진
불장난이 되었지

그리움이어라

내
그리워하는 것 사랑이어라

그 사랑
그리워하다 사르지 못한 아쉬움이어라

불현듯
찾아온 사랑이었기에

이별 두려워
망설이자 떠나버린 슬픔이어라

그대
지금 내 곁에 있다면야

자박자박
저며든 그리움 펼쳐놓고

이런저런
이야기 나누고 싶어라

이젠
어느 곳에 있다 한 들

그대는
나의 그리움이어라

진달래꽃

외딴길
진달래꽃
누군가 기다립니다

소녀가
한 송이
꺾어 꽂은 분홍빛깔

가쁜 숨
몰아쉬다
불그스레 웃었습니다

빗방울
산모퉁이 돌고 돌아
청보리밭 건넜습니다

나뭇가지
대롱대롱 맺힌 빗꽃
방울방울 떨어져

진달래
꽃 입술에
은근슬쩍 앉았습니다

부끄러움
제 혼자
감출 수 없었던 진달래꽃

구름 속
빛 내림에
하얗게 웃어 봅니다

아무 때나 오세요

가끔이면
어때요

오시고 싶으실 땐
마음 내키는 데로 오세요

오시 다
길 찾느라

부스럭부스럭
소리 나도 괜찮아요

이 노래
저 노래 불러본들

밤마다
속 시원찮아

소리 없이
울고 웃던 날 생각해서라도

오시고 싶으실 땐
마음 내키는 대로 오세요

사람들 이야기
이사 가는 깊은 밤

창 너머
그대 보일까 아닐까

목을 빼고
골목길 내다보던 그리움

서럽게도
보고 파

그대 주위 맴돌며
숱한 날 살아왔지요

그 무엇이
그렇게도 두려웠나요

가끔이든
아니면 자주이든

아무 때
아무 때나 그냥 그냥 오세요

그랬었지

그랬었지

순이는
업어 달라 보채며

자기는
오빠한테 시집간다 했었지

그랬었지

위문편지 보낼 때
영원히 기다린다 했었지

꼬박꼬박
남은 날짜 세고 있다 했었지

그랬었지

꿈속에는
왜 나타나지 않느냐며
울었다 했었지

맨날 만날
보고 싶어 미치겠다 했었지

그런데 아니었지

몇 달째 소식 하나 없더니
어디론가 떠나갔지

들리는 얘기로는
그렇고 그런 사람 만나
시집갔다 들었지

그런데도 난
업어 달라 보채던
순이가 그리웠지

봄꽃

이럴까 저래 볼까
망설이든 내 앞에

아까부터 방긋이
웃고 있던 너

가슴속을 화들짝
설레게 해놓더니

언제까지 쳐다보며
웃고만 있을 테냐

봄꽃아

너 또한 봄이라서
들뜬 마음 알겠다마는

아무한테 헛죽 헛죽
웃어 주는 너라면

나는 네가 한낱
바람이길 바랄 뿐

그대가 그리웠습니다

그대가
그리웠습니다

그대
누구인지 알고부터

더욱더
그대가 그리웠습니다

어렴풋이 그리웠을 땐
그대는 누구일까

이럴 땐
어느 곳 바라보며
그리워해야 할까

참다못해
그리움 앞에 기도 한 줄 올렸습니다

내
그리운 만큼만

그댈
사랑하게 하여 주소서 라고
말입니다

키스(Kiss)

이 만큼
사랑이 그리운 밤

초들 초들
기다렸던 목마름

거칠게
타오르고픈 장작불

어디서부터 인가

찌릿찌릿
저미는 다듬이질

또각또각
키스 향 가득 차

흐드러졌던 별바다
하나둘 꿈속 숨어들고

빨간 앵두 한 알
파들파들 떨다가

발가벗은 하얀 새
스르르 눈을 감았다

오늘 밤에서야

그리움
빨갛게 익었다

바람은 꽃들을…

바람은
바람은 소리소문없이

가파른
언덕배기 뛰어올라

라일락
들뜬 향기 끌어안고

얼마나
설레이게 흔들었을까

바람은
바람은 소리소문없이

내
언제 그랬느냐 싶더니

이산 저산
이 꽃 저 꽃 흔들고 다닌다

꽃들은
수줍어 어쩔 줄 몰라 하다

이래서
이렇게 바람나고 말았다

꽃비

심상치 않던
며칠 사이

찔끔찔끔
봄비 내리는가 싶더니

피어 웃던 꽃잎
허옇게 떨어지네

쓰라린
아픔이야 오죽하겠느냐 마는

그런 줄도
모르는 봄바람

꽃비
끌어안고 떠나려 하네

데이트

이날저날
벼르고 기다리다

오늘에야
꽃길 걸어본다

사알짝
그대 손 잡아볼까

두근두근
그대 얼굴 훔쳐본다

어느새
서서히 물들어

우린
하나가 되어간다

빨간 연못
깊은 줄 모르고

이러다
풍덩 빠지나 보다

할미꽃

가랑비 가랑가랑
꽃가지에 내리고

세월 실은 시냇물
속절없이 흘러간다

워이 워이
불러본 들

가는 세월
아무런 대답 없더니

곱디곱던 새악시
저리 늙고 말았구려

굽 허리 살아온 길
사연이야 많고말고

한 설음 덕지덕지
주름살에 고였다

빠알간 속마음
옷소매 가리우고

산 할미꽃 쓸쓸히
묘똥 위 피어있다

하고 싶은 이야기

그대에게
하고 싶은 이야기 있습니다

간절한데도
망설였던 그런 이야기 있습니다

이 핑계 저 핑계
쓸데없는 자존심 때문에

새끼줄 배배 꼬듯
만지작만지작거렸던 이야기 있습니다

어설피
세상 살면 그리얼마 산다고

이러지도
저러지도 못했던 묵혀둔 이야기 있습니다

늦기 전에
괴롭고 답답함 비워내야 할 그런 이야기 있습니다

이젠
그대에게 하고 싶은 이야기 하고 싶습니다

내 가슴 속
또아리 틀고 앉은 그대

사랑한다
사랑하고 있다고 말입니다

버들피리

순이가
지나다니던 개울가에

버들강아지

봄바람에
흔들흔들 춤을 춥니다

일찌감치 자리 잡고
버들피리 불어 봅니다

두리번두리번
거리면서

가빠지는 숨소리
힘주어 불어 봅니다

반나절 기다려도
바람만 지나갑니다

제 2 부

떠나고 싶다

소낙비

님 생각에
울어버린 속마음

남들도
들어 달라 울고 있다

무던히도
참아왔을 그리움

대지는
할 말 없다 침묵하고

바람도
나 몰라라 떠나가니

구름 속
잠 못 들고 뒤척이다

오죽하면
천둥번개 데리고 내려왔을까

오지 못할
그 님 생각에

소낙비
밤새도록 울고 있다

오후

매미 소리 정겨운
정자나무 그늘 아래

김매기 피 고르기
허리띠 풀어놓고

막걸릿잔
쭈르륵 돌리고 있네

육자배기
한 자락 펴져나가

불어오던 들바람
멈칫멈칫 머물게 하네

나팔꽃

그끄저께
이곳에서

활짝 피어
웃고 있던 나팔꽃

어제 내린 밤비가
울려놓고 말았네

비에 젖은 싸릿가지
밤새 올라 피었건만

어쩌면
모르긴 해도

허무한 사랑 앞에
흔들렸을 나팔꽃

핼쑥해진 너에 얼굴
왠지 한번 쳐다보고 싶었지

그 언젠가
울 엄니 따라 장에 가다

눈을 감고 입술 다문
슬픈 너를 보았지

키가 작은 울 엄니
널 한참 물끄러미 바라보았지

이젠
볼 수 없는 울 엄니 생각날 때마다

피고 지는 널 보면
돌아서서 울었지

장독대

아무도
찾는 이 없는
집 모퉁이 장독대

오래내내
흙먼지
찌든 얼굴 허허롭다

젊을 적
반지르르
씻고 닦고 살았다만

이제는
눈물 자국
주르륵 메말랐다

비라도 내렸으면
텅 빈 내 속
들여다보고말고

주인 떠난
장독대
쌓여있는 이 아픔

어이할꼬
어찌할꼬
어이할 거나

강가에 앉아

해 질 녘
강가에 홀로 앉아

긴긴 여름
가박가박 바라봅니다

비단구름 흰 물결
하늘 저쪽 일어나

들뜬 내 가슴
송두리째 싣고 갑니다

눈이 컸던가
검은 머리 찰랑찰랑 거렸던가

물결 속
흰 모래알 아물아물 내밀 듯

새록새록 솟구쳐
보고픈 그리움에

스마트폰 속 사진 한 장
차근차근 찾아봅니다

감자꽃

자귀나무 꽃그늘
비탈진 밭뙈기

숲 개울 건너서 온
아침 안개 두르고

자주 색깔
감자꽃 피었습니다

간간이 불어오던
살랑살랑 산바람

땀에 젖은
아낙네 삼베적삼

훌러덩
훌러덩 들춰봅니다

흠칫 놀란 아낙네
눈 한번 흘겨봐도

바람은 모른 척
노닐다 떠나갑니다

넘실넘실 감자꽃
숨어 웃고 맙니다

꿈속에서 만났습니다

우린
꿈속에서 만났습니다

그렇게도
보고 싶었는데

아무도 모르게
꿈속에서 만났습니다

멀찌감치
스쳐 가던 아쉬움

뒤켠에서
우두커니 바라만 봐야 했던 그리움

그랬던 우리
꿈속에서 만났습니다

눈 뜨자마자
허전함에 지그시 눈을 감고

다시금
환한 꿈속 찾아 나서 보았습니다

언제 다시
만날 수 있을런지 모르지만

그래도 우린
꿈속에서 만났습니다

앵두

뾸고족족
여린 순정

부끄러워
붉혔는데

머무는
눈길마다

한 알 두 알
입 다시니

이러다
나의 사랑

토라질까
두려워

설레임은
잠시뿐

얼마나
서러운지….

밤비

창문 밖
속살대는 빗소리

울음 인지
그리움 인지

아픔만큼
내리고 있네

기다리던 님
더디어질 발걸음

이러지
저러지도 못할 내 앞에

그렇게
밤새 울고 있으면

날더러
어쩌란 말이냐

님이시여

님이시여

그대
길 떠난 후 어디에 머물고 계십니까

그대는

그대의 그대
한 번쯤 그리워했었는지 궁금합니다

그대의 그대

그대가 그려놓은
아름다운 설렘 안고 지금껏 살아왔습니다

처음처럼
영원한 내 님이라 생각하며 살아왔습니다

정든 세월 흘렀어도
그리움 무지개 뜨는 날엔 행복했습니다

님이시여

사랑하다 보면
누구나 아픔 하나 있을 수 있습니다

사랑은
상처받길 싫어하지만

고귀한 사랑의 가치
아픔 뒤 절실하게 찾아옵니다

사랑도
이별 없는 영원한 사랑 그리워합니다

님이시여

이제
달콤했던 그리움 이정표 바라봅니다

그대
어느 곳 향하여 걸어가고 계십니까

그대 가시는 길
그대의 그대 알고 싶습니다

길 위에 새긴 이름

길 위에
새겨놓은 이름 하나 있습니다

지울 수 없었던
그리움 새겨놓은 그런 이름 있습니다

한때는
그리 좋아 달려가곤 했었던 길이었습니다

정들어
자주자주 가다 보니

되돌아오기 싫은
그런 길이었습니다

누가 보면
돌멩이 굴러다니는 볼품없는 길이라 하겠지만

나에겐
그렇게도 설레였던 길이었습니다

언제부턴가

어디에 숨었는지
그대 얼굴 보이질 않았습니다

어디로 떠났는지
그대 모습 찾을 수도 없었습니다

그런데도

문뜩문뜩 떠올라
그리운 길 달려가 보았습니다

정답게 걸었던 길 위에
그리움 차곡차곡 쌓여갔습니다

지울 수도 지워지지도 않는
이름 하나 새겨지기 시작하였습니다

길 위에
진눈깨비 하얗게 쌓여 갑니다

또다시
그리움 길을 따라 밀려옵니다

그대 이름
가슴 속 깊이깊이 파고듭니다

떠나고 싶다

가끔은
어디론가 떠나고 싶다

당신이
갑자기 짜증을 낸다거나

다정했던 우리 사이
아무것도 아닌 것처럼

모른 척
외면하듯 차가워질 때면

어디론가
훌쩍 떠나고 싶다

실금 같은
사선 한 가닥

이것도
인연이라 행복했는데

와르르 무너지는 순간
차마 울지 못해

고데치아 한 송이
그대 가슴속 심어놓고

파도가 눈이 멀어
떠난 곳 어딘지도 모르게

은빛 기포
두르고 떠나고 싶다

고백

그리움
모락모락

천근만근
무거워라

지는 노을
바라보니

내 마음
쓸쓸하여라

망설이다
지쳐버린

찻잔 속
나의 고백

발가벗고
울고 싶어라

아침 이슬

밤새 그리워
이슬 되어 내렸습니다

먼동 트기 전
그린만큼 이리 내려앉았습니다

길섶 풀잎마다
대롱대롱 그리움 맺혔습니다

얼마나 기다렸을까
처음 느껴보는 발자국 소리에

누군지도 모르면서
바짓가랑이 촉촉이 적셔놓고 말았습니다

잣나무 가지 사이
산까치 날고서야

난 줄 알았을까

아침이슬
사르르 웃어 봅니다

풍덩 소리 사라지고

끝 모를 바닥 딛고
솟구치던 짜릿함

누가 물속 오래 있나
속수영 겨루었던

그랬었던 정든 곳
어디로 갔을 거나

파리해진 입술
바위 턱 걸터앉아

구름 속
짝꿍 찾다 헤헤 웃고

보랏붓꽃 물잠자리
어찌 그리 예뻤던지

강물도 아닌 것이
물난리가 뭔지도 모르던 것이

간호(幹壕)
쭉쭉 뻗은 성질머리에

풍덩 소리 사라졌네
아이들 떠나갔네

제 3 부

갈대

산국화

산국화
피었다

골짝 길
예삐 예삐 피었다

외롭고
슬프다 하지 않고

그리움
기다리다 피었다

무심코
지나가는 바람 어떻고

살랑살랑
떨어지는 단풍잎 그렇고

못 본체
모두가 떠나가도

그리움
흠뻑 머금은 채

산국화
활~짝 피었다

가을 산

마지막
빨간 춤 추고 있다

멍든 가슴
펼쳐 놓고

내 속이나 알 거라
춤을 춘다

영원할 듯
푸르렀던 달콤함

정들자
울긋불긋 뒹굴다

저렇게
불그죽죽 울고 있다

이별은
아프고 슬프다며

마지막
빨간 춤 추고 있다

기다리는 마음

청보석
별빛 사리

섬돌 위
내려앉고

기울어진
하현달

산마루
넘어갈 때

그리워
기다리는 마음

싸릿문 밖
서성인다

애달픈
이내 마음 알 리 없는

귀뚜리
울음소리 애달프다

서러움

서리 맞은 고춧대
시들시들 메말라간다

줄건 다 주고
희나리 몇 개 달고 흔들린다

푸르륵
갈색 풀무치

저를 닮은
잎사귀에 앉았다

자주 오던
주인 할멈

벌써
빠알간 가루짐 싸

이른 새벽
서울 딸네 갔나보다

이 집 영감
고추밭 불사를 때

한해살이
서러움 태워볼란다

들꽃

가녀린 내 몸매

바람에
흔들 흔들리는 난

내 이름도 모르는
들꽃이랍니다

한낱
그 누구도 쳐다보지 않던 그런 꽃이지요

하얀 이슬
아침이면 내 마음 흠뻑 적셔놓고 만다거나

샛바람
아무 때나 만지작만지작 노닐다 떠나갑니다

아무리 외진 곳
나 홀로 피어 있는

볼품없는
들꽃이라 치더라도

소리소문없이
왔다가 떠나가지 말아 주세요

어쩌면
이것도 인연이라면 인연인 것을

그리 훌쩍
내 모르게 떠나가 버린다면

정말
난 슬퍼집니다

애당초

애당초

우린
인연이 아니었나 봅니다

손 한번 흔들어 보고
아쉬워하는 사이

열차는
플랫폼을 떠났습니다

그날따라
빗줄기 가랑가랑 내렸습니다

슬쩍 내 앞
스쳐 가는 차창 가

고개 숙인
그대 모습 보였습니다

아마
그님 울며 떠나는 것 같았습니다

이젠
기약할 수 없는 이별 찾아온 것 같았습니다

돌아서기
하도 하도 답답해

소나기나 쏟아져라
하늘 한번 쳐다보았습니다

왠지
자꾸만 자꾸만 눈물이 흘렀습니다

아마도
우린 애당초 인연이 아니었나 봅니다

그때가
가을이었습니다

박꽃

서까래
내려앉고

지붕마저
사라진

살던 이
떠나버린

산모퉁이
집 한 채

외롭고
쓸쓸한 곳

박꽃
피어 있다

머물 듯
불어오던 바람

빙빙 돌다
사라지고

모른 척
쓰다듬던 달빛

박꽃 슬픔
알았는지

하얗게
밤을 샌다

가을밤

그리움
파고드는 밤

달빛마저
외로운 스산한 밤

사락사락
벼 이삭 수런거리는 밤

뿌연 안개 드리운
이슬 맺힌 풀숲에선

짝을 찾는 풀벌레
울음소리 구슬픈 밤

돌담장
한 켠에 선 코스모스

빠알갛게
농익는 그리움에

까치발 쳐들고
밤새 서 있는 밤

사랑 한번 해보고 싶어라

나도
사랑 한번 해보고 싶어라

가을엔
남들처럼

나도
사랑 한번 해보고 싶어라

생각보다 멀까
느낌보다 가까울까

고추잠자리
꼬리 잡고 나르고픈 그리움

머뭇거리다
옹이가 되어버린 점 하나

물든 잎
갈팡질팡 흩날리기 전

나도
사랑 한번 해보고 싶어라

갈대

갈대는
겨울에야 울었습니다

눠 알까
하얗게, 뒤척이다

은 달빛
마른 바람 타고 내린 갈밭에서

그리움 끌어안고
검붉게 울고 말았습니다

간절했던 기다림
허무하게 무너져 내린 겨울에야

바스락 이는
쇠기러기 깃질 속 파묻혀

헝클어진
갈색 머리 감싸 안고 울었습니다

갈대는
사그락사그락

네 안에 설움
토해내며 울었습니다

그리움

갈바람
나에게로 불어옵니다

머물 듯
멈칫멈칫 불어옵니다

가을에
떠난 사람 생각납니다

눈을 감고
창가에 앉았습니다

그대 이름
더듬더듬 불러봅니다

그럼 그대 오실까
창밖을 바라봅니다

창밖은
바람 만 스쳐 갑니다

저 멀리
기적소리 멀어져 갑니다

그런데도
자꾸만 그리워집니다

멀어져 간 너

이젠

그댈
너라고 부르리라

살갑던
너에 목소리

별똥별처럼
쏟아졌던 그리움

두근두근
불꽃 솟던 나의 사랑

기이한 공기 속
오락가락하더니

고스란히
토해내게 해놓고

아스라이
도망치듯 멀어져간 너

이제 와서
달콤한 말 해본들

도대체
무슨 소용 있겠는가

멀어져간 너

이젠
그댈 너라고 부르리라

그립고 그리웁다

해 질 녘
굴뚝 연기
하얗게 피어오르고

동네 고샅
아이들
해지는 줄 모른다

높이 날던
노을빛
고추잠자리

간짓대
끄트머리
빨갛게 앉아

객지살이
자식 놈
누가 오나 내다본다

토드닥토드닥
노릿한
부침개 냄새

정지 문틈
새나가
싸릿문 밖 질퍽하다

그랬었던
추석날
어디로 갔을거나

동네 고샅
아이들
그립고 그리웁다

억새꽃

억새꽃 사이사이
갈바람 불어옵니다

갈색 옷깃 펄럭이자
흰빛잎 혀다물고

하이얀 꽃자루
살랑살랑 춤을 춥니다

드넓은 날망
서걱 이던 억새꽃

누굴 찾나
기웃기웃 쳐다봅니다

스쳐 갈 인연이래도
만났으면 좋으련만

지는 노을
바라보며 울고 맙니다

고독

삼포어귀
넘나들던 뱃고동 소리

물거품 같은
세월 안고 노닐다

고독에 묻힌
바다에 떨어졌다

몽돌이 되어버린
외로운 그리움

나를 부른 이곳엔
바람만 떠돌 뿐

뉘 하나
안아 줄이 없는 곳

지도 슬픈 해당화
불그죽죽 울고 있다

제 4 부

저물어가는 사랑

첫눈

뽀얀 얼굴 웃으며
하얀 첫눈 내려옵니다

송이송이 춤을 추며
바람 타고 내려옵니다

누구는 오자마자
길 가상 주저앉아 울고 맙니다

누구는
살며시 창가에 내려앉아

님에 침실
방긋이 바라봅니다

아스라이
먼 곳에서 여기까지

첫사랑
찾아 내린 그리움입니다

어서어서
날 반겨줬음 좋으련만

햇살이
나를 안고 달아날까 두렵습니다

안녕이라 말해라

한순간

다가서는
이별 앞에 안녕이라 말해라

굳어버린
사랑 앞에 슬피 울지 말아라

여기가

어딘지도 모를 망막함에
원망일랑 하지도 말아라

그만큼
사랑을 위해 한때나마 살아왔음 그만이지

이제 와서

죽일 놈
나쁜 년 욕하지도 말아라

이런 아픔 알았다면
늦었지만 어른이 된 것이니

알콩달콩

그리 좋아
사랑했던 지난날 생각해서라도

이별 앞에
안녕이라 말해라

먼 훗날

그 사람 그리워
보고 싶은 날 있을 테니

어머니

밥이나
제때 먹고 다니느냐

딱
한마디 하시더니

아랫목
포대기 밑 묻어 둔

놋쇠
밥그릇 꺼내신다

허겁지겁
퍼 넣는 주둥이 바라보다

뒤돌아
앉는 듯하시더니

옷소매
눈가에 머무신다

겨울바람
웽웽

호롱불
가물가물

섬(Island)

저 바다
친구가 아니었다

바람도 기껏
지나가는 나그네일 뿐

그도
친구가 아니었다

새벽안개 사르고
내려오는 햇살 보며

난
그제야 눈을 뜬다

갈매기
성가스레 찾아와도

그 또한
친구가 아니었다

섬 바위 곳곳
파도가 토해내는 울음소리

도망칠 수 없는 난
그를 안고 울었다

붙박이
외로운 섬

날더러
이리 살라 해놓고

그런 날
누가 무던하다 하더냐

술 한잔합시다

우리 언제
술 한잔합시다

당신이 찾아오든
내가 먼저 연락하든

우리 언제
술 한잔합시다

이제 우리
무슨 얘긴들 못 하겠습니까

보릿고개
얘기도 좋구요

아랫동네
순자 치마 들춰보다

따귀 한 대
얻어맞은 얘기도 괜찮구요

숨겨뒀던 이야기
빨랫줄에 널어 봅시다

구린 냄새
좀 난들 어떻습니까

누가 듣고
손가락질한들 어떻습니까

얘기 중
참지 못해

그대가
날 좋아했었다 얘기한들

지금 와선
술잔 속 안주밖에 더 되겠습니까

우리 언제 만나
술 한잔합시다

어리광

얼기설기 얽힌 인생
슬프기도 하여라

마누라 무릎 베고
어디 한번 어리광부려볼까

사알~짝
모시 머리 들이밀자

철딱서니 없다며
뱁새눈 흘기더니

쌀쌀맞게
툴툴 털고 일어선다

하기야
사는 동안 예쁜 짓 한 게 뭐 있다고

하도 염치없어
멍하니 쳐다만 보다

초라한 누군가
거울 속 비치길래

웬 놈이 쳐다볼까
뚫어져라 살펴보니

늦서리 하얀 덮개
저놈이 나일 줄이야

이마에 파인 고랑
나의 노래 꿈틀~꿈틀

문 틈새 훔쳐보던
아랫집 눈꼽쟁이

어릴 적
날 닮았다

저물어 가는 사랑

우린 서로
그리워하다
서서히 저물어 갑니다

그대가 생각한 데로
내가 가고 싶었던 데로
마음만이 오갈 뿐

보고 싶다
사랑한다
말 한마디 못해보고

우린 서로
그리워하다
서서히 저물어 갑니다

세세
그리움
차곡차곡 쌓여 갈수록

현실과 통념
억센 사슬에 묶여
그냥 그저 저물어 갑니다

그곳엔
그 어떤 장벽 있으며
이곳엔 다른 무엇 있어서 그럴까요

어쩌다 보니
남들 이야기 아닌
운명 같은 체념 속에서

우린
언제부턴가
만날 수 없는 인연인 것처럼

저물어 가는 사랑
그리워하다
서서히 멀어져 갑니다

곱창집 아가씨

왕십리에 가면

어여쁜
곱창집 아가씨 만날 수 있다

긴 머리 돌~돌 말아
핑크빛 머릿수건 올려 맨

눈이 큰
어여쁜 아가씨 만날 수 있다

하루종일 받은 상처
위로받기 위해

해 질 녘
꾸역꾸역 밀려드는 사람들

아가씨 입술만큼이나
붉어지는 참 숯불

곱돌판 뜨겁다 한들
그녀 미소 시원하다

아가씨 걸음걸이
거나한 사내마음 밟고 가면

예쁜 뒤태 훔쳐볼라
곱창 타는 줄 모른다

목줄기 타고 넘던
술잔 속 애간장

활짝 핀
그녀 미소 속에 녹아내린다

나는

오늘도 왕십리행
순환 열차 타고 간다

하얀 꽃

이맘때
피는 꽃

하얀 꽃

사박사박
밟아도

뽀드득뽀드득

보조개가
이쁘다

내리 울다

꽃이 된
소녀

싫다 싫어

말 한마디
못하고

왼종일

하얗게
웃고 있다

꿈

단
한 번만이라도

그대 꿈
꾸어 보고 싶어라

털어내면 어이할까
메어 두었던

안아보면 뜨거울까
그리워했던

그대 꿈
꾸어 보고 싶어라

모두가 잠든 밤
아무도 모르게

하얗게
내리는 눈 웃고 있을 때

그대 꿈
꾸어 보고 싶어라

그대 꿈꾸고 나면
메인 매듭 풀어져

그대를
사랑하게 되리라

끄트머리

쌔엑~ 쌕~
가쁜 숨 몰아쉰다

흐물흐물 눈망울
꽃상여에 앉았다

쪼그린 무르팍
처진 귓불 디밀고

마른 삭신 파르르
실바람에 떨고 있다

간짓대 끄트머리
간당간당 붙들고

고인 턱 울 너머
동구 밖 내다본다

젊은 날 초록 들판
언제 적 왔다 갔나

삭풍에 흔들리는 나뭇가지
기억조차 없단다

요새 부쩍
마른 숨 쉬고 있다

인생이란
사라져 갈 거품인 줄
몰랐을까

할아버지께서 말씀하셨다

할아버지께서
말씀하셨다

여름철 땔감 나무
풋나무라 그랬다

불세기는 약하고
헤프다 하였다

겨울 산 올라
땔나무 해오는 이유 있다 하였다

사람 역시
단맛도 덜든 것이 익은 척 덜렁대다

풋내난다
내동댕이쳐진다 하였다

여물지 못한 풋사랑
다를 바 없다 하였다

덫에 걸린 거짓 사랑
오랫동안 울고 운다 하였다

봄
그리고 가을사랑

생각할수록
뜨겁고 아름답다 하였다

뉘 봐도
빨간 향 그윽하다 하였다

필 땐 설레이고
익을 만큼 익었을 땐

바구니에
따 담고 싶다 하였다

사랑이
무엇인지 알았으면

이별이란 것
잊어선 안 된다 하였다

늦은 밤
할아버지께서 말씀하셨다

꼭 이라는 말

이젠
꼭 이라는 말 하지 마세요

강변
널브러진 돌팍 위

그립던
정든 흔적 더듬기도 허무합니다

아침나절 새참 먹듯
얼렁뚱땅 그러지 마세요

그런 말
듣고 보낸 세월 슬퍼집니다

어쩌면
날 볼 때마다

깊은 뜻
아는지 모르는지

꼭 이라는 말
그리 쉽게 하십니까

애틋한
그리움 간직하고 있다면

날
뜨겁게 안아 주었어야지

뻔히
알면서 그러신다면

두 번 다시
내 앞에서 그런 말 하지 마세요

눈이 내리면

눈이 내리면

너를 닮은
새하얀 순정 찾아 떠나리라

여지껏
기다려만 보았지, 만나보지 못했던

해 맑은
님을 찾아 떠나리라

눈이 내리면

그릇된 악에 젖어
꼭두각시 춤추는 도시의 밤을 떠나

너를 닮은
순백한 얼굴 찾아 떠나리라

어쩌면
마지막이 될 수 있는 꿈을 찾아 떠나리라

눈이 내리면

머리는 잠재우고
가슴으로 떠나리라

이별

그리움
놓고 나니 서글프다

처음처럼
여유로운 뿌듯함

마름 마름
접다 보니 하얗다

촌각마다
오도독오도독

휘감았던
그리움 부서지고

아우르던
저녁노을 잠들었다

이별 앞에
주저앉아 울고 있는

정거장
어둠 속에 그림자

제 5 부

아버지

얼굴

얼굴

잘나고
못난 것

누구를
탓하리오

사람들

그냥
듣기 좋으라

삿된
입 열고

연지 곤지
찍어 주네

세상
휘저어도

거짓 없이
다스리고 사는 얼굴

기울지도
세우지도 말게나

돌처럼
단단하게
살다 가면 그만이지

친구가 그리워지면

친구가
그리워지면

난
주막집을 찾는다

가는 길 멀어
마음 길 답답해

난
술잔 속에 숨는다

그 옛날
내 친구 너무너무 보고파지면

난
고갤 숙이고 거리를 걷는다

내 마음
전할 수 없어 걷는 게 좋다

술잔 속
친구 얼굴 한 잔 한 잔 마신다

친구 놈
웃고 있는 모습 맛있다

마이산

노령산맥
가다 잠시 머문 곳

박꽃 닮은 사람들
소박하게 살아가는 곳

어느 바람
거세게 불어온다 한들

너와 나
이곳에 살으리랏다

심장 터질 듯
일어선 솟금산 아!

날 더러
웅대한 꿈만 꾸라 하지 말고

석탑 앞
줄줄이 합장한 중생들

바램이 무엇이더냐
속 시원히 풀어 주거라

바윗돌

곤방대 연기
앉아 쉬다 지던 곳

묵묵히 오랜 세월
터를 지킨 바윗돌

돌나물 가지 치다
노오란 꽃 피고 지던 곳

산모퉁이
신작로 뚫리던 날

어디론가
실려 나간 바윗돌

길 가상 민들레
몇 날 며칠 울며 피던 꽃

어슬렁어슬렁
휑한 터 둘러보던 이

사는 곳 서울이라더니
막차 타고 떠났네

이러지 마

그러지 마

자꾸자꾸
힘들게 하지 마

그럴수록
답답해 미치겠어

네 고집대로
조여오지 마

그렇잖아도
세상 살기 힘들어

이러지 마

정말
이러는 게 아니야

이럴수록
잡았던 손 놓고 싶어

집착은
사랑이 아닌 거야

처음엔
이러지는 않았잖아

이젠
달아나고 파

사인암* 가는 길

검회색 신작로
바퀴벌레 기어간다

사인암 가는 길
정든 모습 사라지고

형형색색 벌레떼
고향길 물고 간다

방아깨비 풀섶 놀던
그리운 내 고향

그 옛날 등굣길
개구쟁이 녀석들 장난질에

흙탕물
뒤집어쓴 옥희는

옷고름 물고 울다
끝내 학교에 오질 않았다

옥희 울린 그 길
언제쯤 사라졌을까

더듬더듬 해봐도
어디가 어딘지도 모르겠다

본 듯한 어치 한 마리
날 보더니 울고 간다

* 사인암 : 전북 진안군 부안면 거석리에 있는 필자의 고향.

아버지

어둠 짙어진
지게꾼
싸리문 들어서면
호롱불
깜빡깜빡

먹줄 튕겨
밤낮 가를 겨를도 없이

허구한 날
후유~후유
살아온 당신

말이담배 연기 속
어깻죽지 내려놓고
집 모퉁이 멍하니
먼 산만 바라보다
하얀 한숨 토해내던 당신

이젠
잘살아 보겠다며
걱정 말라 하던 자식 놈

죽네 사네
파산하던 날

괜찮아
괜찮다니까
끓는 아픔
맺힌 눈물 파묻고
자식 어깨 쓰담 쓰담

당신께선
어디 숨어
황소울음 울으실려고
어찌하여
아무 말씀 없으셨습니까

아들아

아들아

아들아
힘들지?

세상

살기 좋다
편해졌다 하지만

있는 사람 얘기지
힘들지?

동아줄 아닌
새끼줄도 없는 데다

상속세
뭔지도 모르는데

아들아
세상 살기 힘들지?

갈등의 굴레
포기의 빈자리

젊음의 고통
불평등의 손아귀

아들아
참고 살기 힘들지?

네 꿈
멀어지고

먹고 살기
급급한 현실

아들아
벗어나기 힘들지?

그렇다고

세상
비굴하게 살순 없단다

힘들어도
닫힌 문 열어야지

맛있는 술
달콤한 사랑 찾아온단다

보이지?
영광의 순간 최고의 기쁨

아들아

너
참, 잘 참아 왔다

대지

포근한 땅덩어리
침묵하는 어머니

무량억겁
새까맣게 밟혀 왔어도

이놈
저놈 왠 잡놈

무슨 짓 하다 왔나
묻지도 않는다

천당과 지옥
말없이 담아주는

당신은
담대한 불멸의 자궁

이간질

친구 엄니
부고에
장례식장 갔더니

문상객 틈
아는 체 히죽 웃고
다가오는 저 녀석

내가
그렇게도 좋아했던
그녀에게

날
나쁜 놈이라
이간질했던 저 녀석

언젠가
너
왜 그랬느냐 캐물었더니

뒤통수 긁적긁적
헤헤 웃고
담 넘어가던 저 녀석

이쯤 생각해보니

저놈이
나보다 그녈
더 좋아했었나 보다 추측할 뿐

그때
그 일로
저놈 볼 때마다

누구 닮아
예쁘다
소문 자자했던

그녀가 보고 싶다

내 새끼가 돌아왔습니다

기다림이 슬프게
바다 위에 솟았습니다

참아 왔던 그리움
아프게 아프게 찾아왔습니다

무섭고 캄캄했던
숨바꼭질 끝났습니다

술래였던 우리는
퍼엉~펑 울고 말았습니다

슬픈 바다 팽목항
봄비가 내립니다

그리워서 내립니다
너무 슬퍼 내립니다

태산 같은 쇳덩어리
내 새끼 짓누르고

검은 바다 저 물결
아는지 모르는지

출렁~출렁 애미 가슴
새까맣게 태워놓고 말았습니다

내 새끼야
왜 이리 늦었느냐

내 새끼야
무서워서 꼭꼭 숨어 있었느냐

어젯밤 꿈속에서

엄마야 엄마야
울부짖던 내 새끼 생각납니다

이제야 이제야
애미 품에 안길 것 같습니다

문 열어라
문을 활짝 열어 주세요

그렇게도 보고 싶던
내 새끼가 돌아왔습니다

소녀상

소녀는
말없이 앉아있다

바윗돌
눌린 가슴 답답해

비 오나
눈이 오나

웃음 잃은
슬픈 소녀 앉아있다

소녀는
무서웠다

엄마
아빠 불러 보았다

그러다
나의 조국 불러 보았다

그러나
아무 대답 없었다

날 좀 살려 달라
애원도 했었다

그러나
아무 소용없었다
나는
나는 어떡하라고…

슬픈 날들
이렇게 흘러갔다

꿈속에서
나물케는 나를 보았다

그런 꿈 그리워
이곳에 앉아 있다

흙수저

아빠
신용 불량자

난
알바 찾는 반 토막

이렇게
살다 보니

해가 뜬들
꽃피는 봄이 온들

산다는 게
그저 그래

어제도
오늘도

아빠
새벽시장 일용 근로자

난
날 밤새는 알바생

그럼
우리 엄만

행방불명….

잡놈들

독버섯처럼
잡놈들 판치는 세상

제 놈들
돈 있고 힘 있으면 얼마나 있다고

회장 잡놈
사장 잡놈 개 같은 잡놈들

어찌하여
이런 잡놈 활개 치는 세상 되었을까

선약한 사람들
목구멍이 무슨 죄 있다더냐

얼마를 울어줘야
속이 후련하겠느냐

오사리잡놈들
잡짓거리 세상에 알려지면

어쩌다
실수 한 번 저지른 것처럼

"물의를
일으켜서 죄송합니다~"

들끓다 사그라지는
냄비 속성 알아서 그럴까

그 자리 빼앗길까
죽는시늉하는 걸까

사죄하는 척
고개 숙인 꼬락서니라니

하기야
영의정 판서 나리 등용문 여의도

거기도
구질구질 그러면 그렇지

여보게나
잡놈 아닌 사람 어디 없소이까

기억 속에서

머~언
옛날처럼 느껴지질 않는
그대
떠나보낸 기억 속에서

슬피 울던 아픔
아려오는 되새김
그리고
늦게서야 찾아온 외로움

살아 있음을…

붉디붉게 사랑하고 있음을…
아직도
기억하게 하는 기억

소중한 줄 모르고
그대
잡지 못했던 후회스러움
애원이래도 해보았을 것을

나 또한
냉정하게 돌아서 버렸던 그 날
그 후
미워져 버린 나

되돌릴 수 없는 기억
그땐
왜
너에 진실 몰랐었을까

이제 와서
바스락바스락 밟아본 들
한숨만 토해내는
슬픈 기억일 뿐

제 6 부

이렇게 사는 거야

그대 행복하십니까

그대 삶
행복하십니까

그냥 그저
이 세상 태어난 것만으로

운 좋고
행복하다 생각하며 살아가십니까

아니면
사랑하는 님 만나 행복하단 말입니까

인생살이
누구나 한숨 없는 이 없다 했거늘

품팔이
하루살이 삶이면 어떻고

이리저리
짜깁기 이골난들 어떻습니까

어디 한번
솔직히 대답해 보세요

그대
지금 행복하십니까

그대 지금
겨울이라 하더래도

한 뼘 볼때기 화사한
그대 봄날이었으면 좋겠습니다

파노라마(Panorama)

숯검정 청솔가지
싸리문에 쌈줄 걸고

굴뚝 연기 모락~모락
노을 바람 타고 논다

거부할 수 없는
운명적 삶

누란의 꼭대기
터져 나온 울음소리

여인네 파노라마
펼쳐지는 허허벌판

올망졸망 겹겹이
휘감는 산울타리

등짐 진 탁월풍
여느 때나 불어오는

타율에 빠져
헤진 맘 허우적이는 곳

어느새
이곳에도 가을인가

끼륵~끼륵
저녁놀 목에 걸고

산마루
기러기 떼 넘고 있다

골목길

꼬부랑
골목길 걷다 보면

그 소녀
만날 수 있었지

멀찌감치
그 소녀 보이면

언제부턴가

얼른
길모퉁이 숨었지

속으로는
그렇게 좋아하면서도

나도 모르게
숨고 말았었지

그런데도

그 소녀
보이지 않는 날엔

하루 종일
답답하고 초초했었지

소녀도
왠지 나를 닮아

내 옆
지나갈 때면

고개 숙이고
뛰어갔지

좋아하면서

좋아하면서

그대만 보면
시큰둥 하는 이유 무엇일까

저렇게 좋아하면서

길 가다 마주치면
모른 척하는 이유 무엇일까

정말 좋아하면서

그대 앞에 서면
성질머리 뒤틀리는 심보 무엇일까

속으로 좋아하면서

차일피일
고백 없이 세월 가라 하는 이유 무엇일까

그렇게 좋아하면서

그대 떠나
슬퍼지면 어쩌려고 저리할까

좋아하면서

바람에 날리는 밀어

바람에
흩날리던 밀어

하이얀 카페
테이블에 앉았다

파란 호수 한 아름
끌어안은 연인들

찻잔 속 숨겨 놓았던
달콤한 속삭임

바람에 날릴까 봐
창문을 닫는다

청자 화병
프리지어 꽃송이

간지러웠던지
노오랗게 웃고 있다

빈자리

빈자리

외롭고
쓸쓸해도

아쉽도록
그리운 공간

기다린 만큼
쉬 오지 않는

헌다고
아무나 주저앉힐 수 없는

네가
꼭 필요한 바램

빈자리

단발머리 그 소녀

단발머리 그 소녀
생각나

열차는
동쪽으로 달렸습니다

스쳐 가는 차창 가
밤에 젖은 불빛들

띄엄띄엄 웅크린 채
누군가 기다립니다

그녀가
떠난 그 집

블록 담장 밑치고
얼굴 내민 미장원

인적 드문 회전간판
외롭게 돌고 돕니다

희미한 한 컷 추억
단발머리 그 소녀

불확실한 사랑 앞에
망설이다 떠난 소녀

그런 줄도 모르고
사랑을 기만했던 어리석음

이제라도 울어 버리면
속이라도 후련하려나

사랑이 끝난 뒤에

사랑이 끝난 뒤에
너무 슬피 울지 말아라

갈림길 알지 못한
어리석음 탓하지도 말아라

연민과 분노
상상을 뛰어넘는 바보짓

미련에 포로
독식에 욕심 바다에 던져 버려라

사랑을 얻기 위해
괴로워했던 즐거움 있었잖느냐

잘 보이려
교양과 상식 준비하고

생긴 모습 고쳐볼까
무던히 애를 썼던

행복했던
그때를 생각해서라도

사랑이 끝났다고
그리 슬피 울지 말아라

이렇게 사는 거야

너와 나
세상 사는 것

그냥
이렇게 사는 거야

누군 들
슬프고 힘든 사연 없었겠나

있다 한들
삭히며 웃고 사는 거지

드러내 놓고
욕심껏 살아보려 했던 사람들

높은 곳
올라도 보았겠지

엘도라도
찾겠다고 달려도 보았겠지

그럴수록
옥죄 오는 올가미 힘들었겠지

사랑이라는 것도
그런 거야

이것저것
저울질하다 보면

사랑을 사고파는
장사치가 되는 거야

좋으면 좋은 데로
사랑하면 되는 게지

댁은
얼마나 대단하다고 법석이야

너무 그리
세상 힘들게 살지 말게나

그래도
이 세상 살만한 세상이야

그냥 그저
이렇게 사는 거야

술자리

그늘진
네온 불빛 둘러앉아

속마음
드러내 보인 술자리

멈칫멈칫
꺾어지는 술잔

취한 듯
목이 메인다

우매한 천성
탓하다 보니

터벅터벅
걸어갈 길 까마득하여라

이왕이면
통쾌하게 마시도록

술잔아
이제 그만 날 놓아두어라

어찌할 거나

어찌할 거나
지나치고 말거나

가로등 빛 스산한
광화문 네거리

힐끔힐끔
쳐다보며 걷는 저 모습

어디선가
한 번쯤 봄직도 한

인파 속
사라지는 안타까움

어찌할 거나
어찌하면 좋을 거나

인연인지 아닌지
따라나 가볼 거나

엉겁결
한 발자국 내딛자

빨간불이 켜졌다
어찌할 거나

이 길은

이 길은
슬픔이 걸어간 길

나 죽거들랑
울지 마라 하시더니

제 새끼
남겨놓고 홀로 가신 길

이 길은
가신님 다시는 돌아올 수
없는 길

누구나
들어서면 멀어지는 길

세상살이
힘들다 말 한마디 없이 살다

엊그제
훌~훌 털고 떠나가신 길

이 길은
울 엄니 아부지

뒤뚱뒤뚱
꽃상여 타고 가신 길

지금도
슬픔이 걸어가는 길

자식들
무너진 억장 뿌려진 길

어쩌란 말입니까

채 피지도 못하고
저렇게 흩날리는 아픔을

어쩌란 말입니까

허옇게 헝클어져
저리 울며 몸부림치고 있는 것을

날더러
어쩌란 말입니까

바람인들
얼떨결 지나치다

우연히
입술 한번 스쳤을 뿐일 텐데

부끄러운 줄 모르고
저리 슬피 울음 울줄 알았습니까

담 너머 아가씨
물끄러미 바라보다

설움 쌓인 그리움에
덩달아 울고 맙니다

우산속 여인

빗방울 울음소리
자박자박 밟고 가다

바람처럼 마주친
우산속 여인

어디로 가는 건지
바삐 바삐 걷는다

화려하지도
그런다고 간소하지도 않은

어디선가
한 번쯤 봄직도 한

접다 겹다
화사한 우산속 여인

내 마음
내킬 때마다

귓불에다 살~짝
사랑한다 말해주고픈 여인

오늘 밤
어느 곳에 빨간 우산 접어놓고 있을까

눈물

차마
대놓고 울지 못한

아무도 모르는
슬픔 맺힌 응어리

아픈 만큼
방울방울 떨어져도

헤아릴 수 없는 이유
혼자만 알고 있을 터

속 깊은 넓은 바다
드높은 푸른 하늘

그들도
참다 참다 힘들면

몸부림도 쳐보고
왼종일 통곡하며 울기도 했었지

하물며
오죽하면 숨어 울던 너

널 보면
어찌 그리 슬퍼질까

문학세계대표작가선 880

그랬었지

박가박 시집

인쇄 1판 1쇄　2019년 2월　6일
발행 1판 1쇄　2019년 2월 12일

지 은 이 : 박가박
펴 낸 이 : 김천우
펴 낸 곳 : 도서출판 천우
등　　록 : 1992. 2. 15. 제1-1307호
주　　소 : 서울시 성동구 무학봉28길 6 금용빌딩 2F
전　　화 : 02)2298-7661
팩　　스 : 02)2298-7665
http://moonhak.wla.or.kr
E-mail : chunwo@hanmail.net

값 13,000원

ISBN 978-89-7954-759-7